AF494377

1909 - Mars - 31.

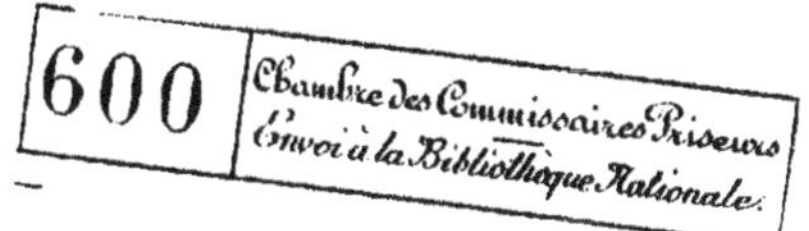

VENTE

Par suite du départ de Madame X...

BEAU MOBILIER MODERNE

STYLES LOUIS XV ET LOUIS XVI

TABLEAUX MODERNES

Gravures anciennes et modernes

BELLE ARGENTERIE ANGLAISE

ÉVENTAILS ANCIENS — OBJETS DIVERS

PARIS. — Mars et Avril 1909

CATALOGUE

D'UN

Beau Mobilier Moderne

MEUBLES EN MARQUETERIE ET BOIS LAQUÉ

Styles Louis XV et Louis XVI

HORLOGE ANGLAISE EN BOIS PEINT DU XVIIIe SIÈCLE

Bons Sièges des Maisons DIENST et JANSEN

CHAISE LONGUE EN BOIS DORÉ DE L'ÉPOQUE LOUIS XV

TABLEAUX MODERNES

Par

AURELI, BABOUDA, CASCIARO, D. FERNANDEZ, FINELLI, JACQUET, LARGINGO, MADELEINE LEMAIRE, MARCH, MASCHETTI, PAREDÈS, PATOKY, HENRI PILLE, H. RONDEL, SIGNORENI, SINIBALDI, VILLIS

GRAVURES ANCIENNES ET MODERNES

BELLE ARGENTERIE ANGLAISE

Principalement de la Maison TIFFANY

OBJETS DE VITRINE, IVOIRES JAPONAIS, ÉVENTAILS ANCIENS

Bronzes d'Art et d'Ameublement

MARBRES

Nombreux Appareils d'éclairage électrique, Lustres, Appliques, etc.

FAIENCES, PORCELAINES, OBJETS DIVERS

Dentelles — Étoffes — Rideaux — Tapis

MOBILIER COURANT

Dont la vente par suite du départ de Madame X...

AURA LIEU

HOTEL DROUOT, SALLE N° 1

Les Mercredi 31 Mars et Jeudi 1er Avril 1909

à deux heures très précises

COMMISSAIRE-PRISEUR	EXPERTS
Me MAURICE MOTEL	**MM. PAULME & B. LASQUIN fils**
22, rue Chauchat	10, rue Chauchat | 12, rue Laffitte

Chez lesquels se distribue le présent Catalogue

EXPOSITION PUBLIQUE

Le Mardi 30 Mars 1909, Salle n° 1, de 1 heure 1/2 à 5 h. 1/2

CONDITIONS DE LA VENTE

Elle aura lieu au comptant.

Les adjudicataires paieront *dix pour cent* en sus des enchères.

L'exposition mettant le public à même de se rendre compte de l'état et de la nature des objets, il ne sera admis aucune réclamation, une fois l'adjudication prononcée.

ORDRE DES VACATIONS

Mercredi 31 Mars, à 2 heures

Gravures anciennes et modernes	1 à 17
Tableaux modernes.	18 à 44
Argenterie, Plaqué	45 à 126
Éventails, Objets de vitrine.	127 à 143

Jeudi 1er Avril, à 2 heures

Faïences, Porcelaines, Objets divers	144 à 165
Bronzes d'art et d'ameublement, Marbres. . . .	166 à 202
Meubles et Sièges	203 à 268
Dentelles, Étoffes, Rideaux, Tapis	269 à 282

L'ordre numérique sera suivi, excepté pour les Meubles et Sièges

Paris. — Imp. de l'Art, Ch. Berger, 41, rue de la Victoire.

DÉSIGNATION

GRAVURES ANCIENNES

1 — *L'Enlèvement nocturne*, d'après BAUDOUIN.

2 — *Marchez tout doux, Parlez tout bas,* d'après BAUDOUIN.

3 — *Le Coucher de la mariée,* d'après BAUDOUIN.

4 — *Ma Chemise brûle*, d'après FRAGONARD, avant la lettre.

5 — *Les Pétards.* — *Les Jets d'eau*, d'après FRAGONARD.

6 — *The Comparaison,* d'après LAWREINCE.

GRAVURES MODERNES

7 à 11 — Environ quinze gravures modernes en couleur, fac-similé, d'après Rossi et autres.

12 — *Le Menuet de la mariée.* — *La Noce au château.* — Deux pendants, d'après Debucourt.

13 — *Annette et Lubin*, d'après Debucourt.

14 — *La Main,* d'après Debucourt.

15 — *La Promenade publique.* — *La Promenade de la Galerie du Palais-Royal.* — *La Promenade du Jardin du Palais-Royal,* d'après Debucourt et Lecœur.

16 — *Storm in harvest.* — *English reapers.* — Deux pièces anglaises en couleurs.

17 — *Les Musards de la rue du Coq.* — *Jeune Femme et enfant.* — *Portrait de la Duchesse de Portland.* — *La Diseuse de bonne aventure.* — Quatre pièces.

TABLEAUX MODERNES

AURELI (G.)

18 — *La Jarretière.*

Aquarelle d'après une gravure. Signée et datée : *Paris, 1873.*

BABOUDA

19 — *Personnage en costume François Ier.*

Petit panneau.

CASCIARO

20 — *Ruisseau à la lisière d'un bois.*

Aquarelle.

FERNANDEZ (Daniel)

21 — *Jeune Femme en robe rose, assise sur un banc dans un parc.*

Petit panneau. Signé.

FINELLI (Édouard)

22 — *Homme en costume Louis XIII dans l'intérieur d'un palais.*

Grande aquarelle. Signée.

JACQUET

23 — *Portrait de Jeune Femme, en corsage rose et chapeau noir.*

Petit panneau. Signé.

LARGINGO (J.)

24 — *Cascade sous bois.*

Gouache.

MADELEINE LEMAIRE

25 — *Bouquet de violettes et mimosa dans un pot en grès.*

Aquarelle. Signée.

MARCH (V.)

26 — *Réunion de trois personnages auprès d'une chaumière.*

27 — *Clown jouant de la guitare devant une baraque foraine.*

28 — *Cour d'une maison de campagne italienne, animée de personnages et poules.*

Toile.

MARCHETTI

29 — *Mousquetaire examinant son épée.*

Petit panneau. Signé.

PAREDÈS

30 — *Entretien galant.*

Petit panneau.

PATOKY

31 — *Halte de cavaliers dans un paysage par un temps de neige.*

Panneau.

PILLE (Henri)

32 — *Rues de Villes, scènes au temps de Louis XV.*

Deux aquarelles, font pendants.

RONDEL (H.)

33 — *Portrait de Jeune Femme rousse, la poitrine décolletée, couverte d'un voile de gaze.*

Toile. Signée et datée : *96*.

SIGNORENI

34 — *Mousquetaire.*

Aquarelle.

SINIBALDI

35 — *Sujet galant sous le Directoire.*

Toile.

VALLIS (Frédérique)

36 — *Portrait de Jeune Femme, coiffée d'un bonnet et tenant des fleurs.*

Pastel.

ÉCOLE MODERNE

37 — *Les Meules de paille.*

Toile.

ÉCOLE ANGLAISE

38 — *Petit portrait de Femme et étude de trois têtes de jeunes femmes.*

Deux dessins de forme ovale au crayon noir.

39 — *Portrait de Shakespeare.*

Petit dessin aquarellé.

39 *bis* — *Jeune Garçon auprès d'un arbre.*

Petite gravure ovale en couleur.

NATTIER (D'après)

40 — *Deux portraits de Jeunes Femmes en riche costume.*

Deux gracieux pastels de forme ovale, font pendants.

ÉCOLE FRANÇAISE

41 — *Portrait de Jeune Femme avec fichu blanc.*

Pastel.

ÉCOLE FRANÇAISE

42 — *Jeune Femme blonde en robe bleu, lisant une lettre.*

Aquarelle ovale.

43 — *Petit portrait de Femme en robe rouge et manteau bleu.*

Toile. Cadre bois sculpté doré Louis XIII.

44 — *Petit portrait d'Homme en habit noir et gilet rouge. Époque de la Restauration.*

Cadre rond en bronze doré.

ARGENTERIE, PLAQUÉ

45 — Six coquetiers en argent ajouré. *Maison Gorham.*

46 — Paire de corbeilles en vermeil, de forme ovale, sur quatre pieds élevés.

47 — Paire de brocs à vin en cristal taillé, avec monture et plateaux en argent repoussé et ciselé. *Maison Tiffany.*

48 — Corbeille ronde en argent doré, repoussé et ciselé.

49 — Broc en cristal taillé; monture en argent. *Maison Gorham.*

50 — Paire de coupes sur piédouche en vermeil.

51 — Corbeille ronde en vermeil, intérieur de verre blanc.

52 — Petit plateau en argent repoussé et pinces à asperges en argent.

53 — Fourchette à poisson, cuillère à olives en vermeil.

54 — Trois truelles et pelles en argent.

55 — Sucrier-saupoudroir et poivrière en vermeil.

56 — Cuillère à fruits et quatre petites cuillères à sucre et bonbons en vermeil.

57 — Sucrier rond en vermeil, intérieur en cristal blanc. Style Louis XVI.

58 — Théière avec réchaud, support en argent. *Maison Gorham.*

59 — Verseuse et réchaud, support en argent. *Maison Gorham.*

60 — Corbeille à fruit en vermeil repoussé.

61 — Service à thé et à café, composé d'une théière, cafetière, sucrier, bol et pot à lait en argent. *Maison Gorham.*

62 — Carafe en cristal; monture en argent.

63 — Porte-menu et vase-porte-fleurs en argent.

64 — Service à liqueur, composé d'un plateau et six gobelets en cristal; monture en argent.

65 — Deux flacons à liqueur en cristal taillé, bouchon en argent.

66 — Douze grands couverts, douze grands couteaux en argent. *Maison Tiffany.*

67 — Six fourchettes à huître en argent, même modèle. *Maison Tiffany.*

68 — Six cuillères à café en vermeil, même modèle que les précédentes.

69 — Six petites cuillères à entremets en vermeil.

70 — Sept pièces en argent et vermeil : corbeille, deux petites coupes, passe-thé, deux coquetiers et une petite lampe.

71 — Six couverts et six couteaux à entremet en vermeil.

72 — Paire de salières, de forme carrée, en argent ajouré. Style Louis XVI.

73 — Paire de plaques en argent repoussé, à sujet de Diane chasseresse et amours.

74 — Paire de lampes électriques, formées de vases, en argent martelé; monture en bronze.

75 — Dix-huit petits plats ou grandes assiettes en argent ciselé, à guirlandes de fleurs repoussées. Style Louis XVI.

76 — Légumier ovale avec couvercle et plateau en argent, même décor que le précédent.

77 — Saucière en argent, même décor que le numéro précédent.

78 — Deux paires de flambeaux avec abat-jour en argent. *Maison Tiffany.*

79 — Paire de petits vases-porte-fleurs en argent. *Maison Tiffany.*

80 — Grand vase-cornet, avec plateau en argent. *Maison Gorham.*

81 — Paire de carafes à vin en cristal; monture en argent.

82 — Bol et soucoupe en argent. *Maison Tiffany.*

83 — Coupe à deux anses en argent.

84 — Boite à poudre en argent, avec glace et miroir à main, ornés de strass sur le couvercle.

85 — Deux soucoupes à savon et à éponge en argent. *Maison Tiffany.*

86 — Paire de ciseaux, petit pot, lampe de fer à friser et une cuillère en argent.

87 — Garniture de brosses en ivoire, composée de seize pièces.

88 — Vase de nuit en argent ciselé. *Maison Tiffany.*

89 — Bourdaloue en argent repoussé et ciselé.

90 — Bidet avec trépied-support en argent ciselé. *Maison Tiffany.*

91 — Cuvette et pot à eau en argent. *Maison Tiffany.*

92 — Boîte ronde en cristal, couvercle en argent. Style Louis XV.

93 — Vase-porte-fleurs en argent émaillé, fond bleu.

94 — Cinq flacons en cristal, forme plate, avec bouchons en argent.

95 — Brosse à cheveux et à chapeau et un embossoir en argent.

96 — Garniture de toilette, avec monture en argent, composée de vingt-sept pièces de style de Louis XV : boîtes à poudres, brosses, peignes en écaille blonde, miroir, pelote à épingles, etc.

97 — Deux vaporisateurs en cristal; monture en argent.

98 — Quatre flacons à sels ou à odeur en cristal et bouchons en argent.

99 — Paire de flacons en cristal taillé, bouchons en argent repoussé. Style Louis XV.

100 — Onze flacons de toilette en cristal taillé.

101 — Six flacons de toilette en cristal, à forme ovale, bouchons en argent.

102 — Bol à éponge en cristal; monture en argent.

103 — Saladier en cristal taillé; monture en argent.

104 — Jardinière ronde en cristal taillé.

105 — Carafes, dessous de carafe, service de verres en cristal taillé et gravé.

106 — Sous ce numéro, burettes, salières, etc., en cristal; montures en argent.

107 — Soucoupe à savon et deux tasses en argent. *Maison Tiffany.*

108 — Deux boites à poudre en cristal taillé, forme octogonale, avec bouchons en argent. *Maison Tiffany.*

109 — Boîte à poudre, forme ronde, en cristal taillé, couvercle en argent à godron, plus un couvercle de même modèle, forme rectangulaire. *Maison Tiffany.*

110 — Paire de flacons en cristal à spirales, bouchons en argent repoussé.

111 — Miroir biseauté, avec cadre, de forme contournée, en argent. Style Louis XV.

112 — Timbre, formé d'une tortue, en argent.

113 — Boîte et deux petits flacons en cristal, bouchons en argent.

114 — Boîte ovale en argent filigrané en partie émaillé et figures en relief.

115 — Bonbonnière en argent repoussé, le couvercle orné d'un émail : Sujet galant. Style Louis XV.

116 — Paire de petits vases-porte-fleurs en argent.

117 — Trois plateaux de même modèle et grandeurs différentes en métal argenté. *Maison Gorham.*

118 — Seau à rafraîchir en métal argenté.

119 — Broc en métal argenté. *Maison Gorham.*

120 — Grand candélabre, à cinq lumières, en bronze argenté.

121 — Légumier rond avec couvercle et plateau en étain.

122 — Trois plats en métal argenté, deux ovales et un rond, grandeurs différentes.

123 — Légumier et une petite soupière en métal argenté.

124 — Petit plateau et dessous de carafes en métal argenté.

125 — Quatre petites boites de toilette et deux pelotes à épingles en métal argenté.

126 — Objets en argent et métal non catalogués.

ÉVENTAILS

OBJETS DE VITRINE

127 — Éventail avec feuille en parchemin peint à la gouache, à sujet tiré de l'Histoire sainte ; monture en ivoire découpé à jour et peint. XVIIIe siècle.

128 — Éventail avec feuille en parchemin peint à la gouache, à sujet mythologique : Vénus et amours ; monture en ivoire découpé et peint. XVIIIe siècle.

129 — Éventail avec monture ancienne en ivoire découpé et incrusté d'or et d'argent ; feuille moderne en soie peinte à la gouache.

130 — Éventail avec feuille en parchemin peint à la gouache : Jeunes femmes et amours enguirlandés de fleurs et pampres de vignes ; monture en ivoire et nacre découpé et peint. XVIIIe siècle.

131 — Trois petits éventails du XVIIIe siècle ; feuille en soie pailletée et parchemin. (Sera divisé.)

132 — Bonbonnière ronde en écaille brune, incrustée d'or à fleurettes ; le couvercle orné d'une miniature ovale : Portrait de jeune femme, du XVIIIe siècle.

133 — Suite de quatre petites gouaches ovales à sujets champêtres, genre Watteau ; encadrement, forme portefeuille, en maroquin.

134 — Environ vingt miniatures modernes : Portraits de femmes. (Sera divisé.)

135 — Dragon articulé en ivoire japonais gravé et peint.

136 — Dix-neuf ivoires japonais : Statuettes, groupes, masques, etc. (Sera divisé.)

137 — Éléphant avec pagode en ivoire sculpté. Travail indien.

138 — Deux plaques en ivoire sculpté.

139 — Deux statuettes en ivoire sculpté : Homme et femme en costume Directoire.

140 — Petit vase couvert en émail cloisonné.

141 — Un lot d'objets en métal argenté et argent filigrané, tels que boites, étui à livre, coquetier, petite coupe, etc. (Sera divisé.)

142 — Brûle-parfum sur trépied en métal ajouré gravé, doré et argenté.

143 — Paire de girandoles en cristal à une lumière.

FAIENCES ET PORCELAINES

OBJETS DIVERS

144-145 — Onze pièces en poterie de Satzuma : pots couverts, bouteilles, boîtes, cendriers, etc. (Sera divisé.)

146 — Jardinière, en forme de caisse rectangulaire, en faïence décorée.

147 — Service de table en faïence et porcelaine anglaise décorées.

148 — Vase en porcelaine de Chine, à renflement médian et décor polychrome.

149 — Potiche en ancienne porcelaine de Chine fond bleu-fouetté, montée en lampe électrique.

150 — Compotier, forme coquille, en ancienne porcelaine de Paris.

151 — Statuette de Vénus en biscuit moderne de Sèvres.

152 — Paire de pots en ancienne porcelaine de Chine, époque Ming, décorés en émaux de couleur et montés en lampes ; cols et bases en bronze doré.

153 — Vase, de forme cylindrique, avec couvercle ajouré, en porcelaine fond rose, décor de fleurs.

154 — Deux groupes en biscuit moderne : Jeune femme jouant du piano et groupe galant sur un canapé.

155 — Vase en cristal gravé, à quatre faces ; monture en bronze. Style chinois.

156 — Porte-parapluie, forme tube, en verre taillé ; monture en bronze. Style chinois.

157 — Vase brûle-parfum en verre dépoli et gravé ; monture en bronze doré. Style Louis XVI.

158 — Deux seaux à charbon en cuivre.

159 — Deux tabourets de pieds en cuivre ajouré.

160 — Mouchette et plateau en cuivre, du XVIIIe siècle.

161 — Grande vasque en cuivre gravé oriental.

162 — Deux lampes de parquet en cuivre, pieds à colonnes cannelées et chapiteaux.

163 — Petit miroir, de forme ovale.

164 — Grande glace rectangulaire, cadre en bois blanc et ornements dorés collés.

165 — Glace biseautée ovale et en largeur, cadre en bois sculpté laqué blanc. Style Louis XVI.

BRONZES, PENDULES

APPAREILS D'ÉCLAIRAGE, MARBRES

166 — Lampe électrique en bronze doré, formée de trois statuettes de faunes, les corps terminant en gaines ; base ronde et ajourée.

167 — Pendule en bronze doré, époque Empire, en forme de corne, surmontée d'une statuette de jeune femme devant un brûle-parfums.

168 — Paire de flambeaux à deux lumières en bronze doré. Style Louis XV.

169 — Paire de petits flambeaux à deux lumières en bronze doré; socles en marbre rouge. Style Louis XV.

170 — Paul et Virginie, groupe en bronze patiné. Signé et daté : *Parbella, 95.*

171 — Allégorie de la Vigne, statuette de jeune femme en bronze patiné. Signée : *Farodoria Druce? Roma.*

172 — Paire de chenets, de style Louis XV, en bronze doré, à figures d'enfants sur des rocailles et branchages de chêne.

173 — Lampe électrique, formée d'une statuette de jeune femme tenant une branche de roses, en bronze ciselé doré; socle en marbre blanc. Style Louis XVI.

174 — Paire de grandes appliques en bronze ciselé doré, à trois lumières, modèle à corne d'abondance, guirlandes de fleurs détachées et nœud de ruban. Style Louis XVI.

175 — Paire d'appliques à deux lumières en bronze et guirlandes en cristaux. Style Louis XVI.

176 — Flambeau-bouillotte en bronze doré, de style Régence, à quatre lumières électriques, abat-jour en soie.

177 — Lampe électrique, formée d'une grande statuette de faune portant une corne d'abondance, en bronze patiné, d'après *Clodion*.

178 — Paire d'appliques à trois lumières en bronze doré et émail bleu; modèle à rinceaux et tête de bélier. Style Louis XVI.

179 — Grande vasque en bronze patiné du Japon, sur table orientale servant de socle.

180 — Lampe électrique en marbre blanc et bronze doré, de style Louis XVI, avec réflecteur.

181 — Petit cartel-baromètre en bronze ciselé doré. Style Louis XVI.

182 — Paire de flambeaux en bronze finement ciselé et doré, modèle à statuette de jeunes femmes supportant une corne d'abondance. Style Régence.

183 — Lanterne d'antichambre à deux lumières électriques en bronze doré. Style Louis XVI.

184 — Lustre électrique à neuf lumières en bronze doré, orné de guirlandes à boules en cristal. Style Louis XVI.

185 — Paire d'appliques électriques à trois lumières en bronze doré, de style Louis XVI, modèle à rinceaux de feuillages, vase à flamme et nœud de ruban.

186 — Lustre électrique à trois lumières, en forme de corbeille, à guirlandes de petites boules en cristal.

187 — Lustre électrique à six lumières en bronze doré, en forme de bouquet.

188 — Petit lustre-plafonnier en bronze, orné de guirlandes à boules en cristal. Style Louis XVI.

189 — Petit lustre électrique à quatre lumières, à branches d'œillet.

190 — Paire d'appliques à deux lumières, formées de vases en bronze doré, avec bouquet de feuillages et fleurs en tôle peinte et porcelaine. Style Louis XVI.

191 — Buste de Mme Récamier en marbre blanc, d'après Chinard, de Lyon.

192 — Buste de femme d'après l'antique, la tête couronnée de lierre, en marbre blanc.

193 — Petit buste de jeune femme en terre cuite; sur socle en marbre.

194 — Petit médaillon rond en marbre blanc : Tête de Romain.

195 — Enfant donnant à manger à un coq, groupe en marbre blanc. Signé et daté : *V. Framaschiella, Roma, 1896.*

196 — Groupe en marbre blanc de deux enfants, portant des fruits.

197 — Grand groupe, grandeur nature, en marbre blanc : Enfant bacchant endormi.

198 — Colonne-support, forme fût, en marbre blanc veiné.

199 — Paire de colonnes-supports en marbre rouge, avec chapiteaux corinthiens et bases en bronze doré.

200 — Colonne-support en marbre vert de mer, sculpté. Style Louis XVI.

201 — Colonne-support en marbre blanc.

202 — Bronzes non catalogués.

MEUBLES ET SIÈGES

ANCIENS ET MODERNES

203 — Grande horloge avec boite en acajou, peint au vernis de rinceaux et médaillon allégorie de la Nuit. Mouvement signé *Georges Fyler. Popes Head Alley London.* XVIIIe siècle.

204 — Meuble-casier à musique en marqueterie de bois de violette, orné de bronzes dorés. Style Louis XV.

205 — Petit bureau plat en marqueterie de bois de violette, orné de bronzes dorés ; estampillé *Alix, à Paris.* Style Louis XV.

206 — Vitrine en marqueterie de bois de violette, ornée de bronzes dorés, à fond de glace, tablettes en verre et dessus de marbre rouge. Style Louis XV.

207 — Meuble d'entre-deux, formant étagère, en marqueterie de bois de violette et palissandre, orné de bronze doré ; dessus de marbre. Style Louis XV.

208 — Table-bureau, de forme contournée, en marqueterie de bois de rose et palissandre, ornée de bronze doré ; dessus de cuir. Style Louis XV.

209 — Petite table en marqueterie de bois de couleur, à quatre pieds et deux tablettes d'entrejambe, à galeries de cuivre et ornée de bronze. Style Louis XV.

210 — Petite table, de forme contournée, en marqueterie de bois de couleur à fleurs, ornée de bronze doré, ceinture encadrements, etc. Style Louis XV.

211 — Table-coiffeuse, forme rognon, en bois laqué blanc, avec glace mobile, ornée de deux appliques à deux lumières en bronze.

212 — Bureau-ministre en marqueterie de bois de couleur, style anglais, avec son fauteuil appareillé. .

213 — Grande armoire en bois laqué blanc, à trois portes avec glaces.

214 — Petite table-gigogne en acajou, ornée de bronzes dorés.

215 — Table-console, forme demi-lune, en bois laqué blanc; dessus en marbre blanc.

216 — Table en bois laqué blanc, à quatre pieds cannelés.

217 — Meuble-casier ou bibliothèque en bois laqué blanc.

218 — Paire de consoles d'appui avec glaces, de forme étroite, en bois sculpté doré; dessus de marbre. Style Louis XVI.

219 — Paravent à trois feuilles en bois sculpté doré, de style Louis XV, garni de soie et glaces à médaillons ovales à la partie supérieure.

220 — Écran en bois sculpté doré, de style Louis XV, avec feuille en soie crème brodée au point de chaînette, à corbeille de fleurs et attributs de musique dans un encadrement de roses.

221 — Paire de petits écrans mobiles, en forme d'écussons, en soie blanche, montés chacun sur une tige et pied en bois sculpté doré.

222 — Commode à deux tiroirs en marqueterie de bois de violette et médaillon central peint au vernis Martin à sujet Watteau, richement orné de bronze doré; dessus de marbre brèche. Style Louis XV.

223 — Petite table, de forme contournée, en marqueterie de bois de couleur, à losanges et corbeille de fleurs sur le dessus, ornée de bronzes dorés. Style Louis XV.

224 — Petit paravent à trois feuilles en bois sculpté peint blanc et doré, garni de soie brochée. Style Louis XVI.

225 — Table-coiffeuse en marqueterie de bois de rose et acajou, dessus de glace et miroir mobile, supporté par deux flambeaux électriques à deux lumières en bronze. Style Louis XVI. *Maison Ternisien.*

226 — Table-tricoteuse en bois de citronnier et acajou, à côtés en forme de lyre, ornée de bronze doré. Style Louis XVI. *Maison Ternisien.*

227 — Porte-parapluie d'angle en bois sculpté peint blanc. Style Louis XVI.

228 — Paravent en bois sculpté doré, à trois feuilles en soie, avec glaces biseautées à la partie supérieure. Style Louis XV.

229 — Ameublement de salle à manger en bois sculpté laqué blanc, de style Louis XVI, comprenant une vitrine à argenterie à fond de glace et tablettes de verre, une desserte, deux consoles-étagères d'angle à fond de glaces et dessus de marbre, une table ronde à allonges, quatre chaises et deux fauteuils cannés avec coussins en soie verte.

230 — Guéridon rond en bois sculpté laqué blanc, à quatre pieds cannelés. Style Louis XVI.

231 — Petit guéridon-support à quatre pieds et croisillon en acajou, orné de bronze; dessus de marbre à galerie.

232 — Chiffonnier à cinq tiroirs en bois laqué blanc et poignées de cuivre.

233 — Petit meuble-chiffonnier à cinq tiroirs en bois laqué blanc, miroir mobile sur le dessus.

234 — Petit meuble à une porte vitrée en bois laqué blanc.

235 — Armoire anglaise en bois laqué blanc.

236 — Table-toilette ouvrant à un tiroir et une porte en bois laqué blanc.

237 — Commode-toilette en bois laqué blanc, surmonté de trois glaces mobiles.

238 — Meuble à deux portes en bois laqué blanc.

239 — Salamandre de luxe.

240 — Fût de colonne-support en bois sculpté laqué blanc. Style Louis XVI.

241 — Socle-trépied en bois sculpté laqué blanc, de style Louis XVI.

242 — Petit guéridon rond à quatre pieds et tablette d'entrejambe en bois sculpté laqué blanc, style Louis XVI; dessus de marbre.

243 — Lit, de style Louis XVI, en bois sculpté laqué blanc et orné de guirlandes de roses détachées.

244 — Table-toilette en bois sculpté laqué blanc, à traverse d'entrejambe; dessus de verre. Style Louis XVI.

245 — Table de nuit, de forme ovale, à porte à coulisse, en bois sculpté laqué blanc. Style Louis XVI.

246 — Grand lit de cuivre, avec sa literie.

247 — Petit lit de cuivre, avec sa literie.

248 — Deux chaises Louis XIII en bois sculpté et marqueté, munies de coussins de soie brodée de métal.

249 — Fauteuil en bois sculpté peint blanc et doré, de style Louis XIV.

250 — Fauteuil, garni de soie rouge et broderie orientale sur fond blanc.

251 — Chaise-longue en bois sculpté doré, reposant sur dix pieds, garnie de soie ancienne blanche et brochée à fleurs. Époque Louis XV.

252 — Bergère à oreilles en bois richement sculpté doré, garnie de soie blanche brochée et tissée de métal à petits bouquets de fleurs. Style Louis XV. *Maison Dienst.*

253 — Chaise basse en bois sculpté doré, couverte de soie crème brodée, à vases de fleurs. Style Louis XVI.

254 — Petit fauteuil bout-de-pied en bois finement sculpté, canné et doré, garni d'un coussin de velours. Style Louis XV.

255 — Canapé ou lit de repos en bois sculpté, canné et doré, à huit pieds, garni de coussin en soie blanche brochée. Style Louis XVI.

256 — Paire de tabourets en bois sculpté doré, couverts de broderie ancienne en soie et métal de couleur. Style Louis XIV.

257 — Petit canapé à côtés arrondis en bois finement sculpté doré, canné, avec coussin de soie verte à fleurettes blanches. Style Louis XVI.

258 — Bergère à oreilles en bois richement sculpté doré, dossier couronné d'attributs de musique et fleurs, couverte de soie jaune paille. Style Louis XVI. *Maison Dienst.*

259 — Bergère en bois finement sculpté doré, couverte de tapisserie fine d'Aubusson, à rinceaux et vases brûle-parfums et guirlandes de fleurs sur fond crème. Style Louis XVI. *Maison Jansen.*

260 — Bergère, forme marquise, en bois sculpté doré, garnie de velours ciselé grenat. Style Louis XVI. *Maison Jansen.*

261 — Petit canapé-marquise, de style Louis XV, en bois sculpté doré, couvert de soie fond rose.

262 — Fauteuil en bois sculpté canné, à dossier ajouré à médaillon ovale, garni d'un coussin de velours gris. Style Louis XVI.

263 — Chaise en bois sculpté laqué blanc et canné, avec coussin de velours gris. Style Louis XV.

264 — Deux chaises légères en bois doré, dossier à colonnette. Style Louis XVI.

265 — Petite banquette en bois sculpté, canné et doré, avec accotoirs élevés et coussins en tapisserie fine d'Aubusson. Style Louis XV.

266 — Chaise en bois sculpté doré, de style Louis XV. *Maison Jansen.*

267 — Tabouret, de style Louis XV, en bois sculpté doré, couvert de soie blanche. Style Louis XV. *Maison Dienst.*

268 — Sous ce numéro, meubles et sièges divers, mobilier courant, batterie de cuisine, etc., etc.

DENTELLES, ÉTOFFES

TENTURES, TAPIS

269 — Dessus de lit en dentelle application de Bruxelles.

270 — Dessus de toilette, semblable au numéro précédent.

271 — Dessus de table en dentelle de Venise.

272 — Rideaux de lit et paire de rideaux de fenêtres en soie vert réséda.

273 — Robe japonaise en soie verte et noire, brodée de fleurs.

274 — Tapis en soie ancienne brochée à fleurs et tissée de métal.

275 — Tapis de table ronde en soie verte, bordé de dentelle de Venise.

276 — Petit tapis de prière fond blanc, bordure rouge et blanc.

277 — Tapis genre Smyrne fond jaune, bordure rouge.

278 — Tapis moquette gris bleu, à couronnes de fleurs en blanc.

279 — Tapis moquette fond vert olive, à couronnes et nœuds de ruban en blanc.

280 — Deux peaux d'ours, une blanche, l'autre grise.

281 — Trois descentes de lit en peau de chèvres blanche et une en peau de mouton.

282 — Sous ce numéro, plusieurs tapis moquette.

283 — Objets omis au catalogue.

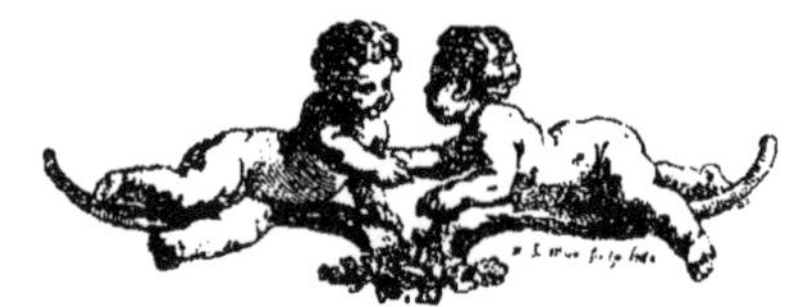

www.ingramcontent.com/pod-product-compliance
Ingram Content Group UK Ltd.
Pitfield, Milton Keynes, MK11 3LW, UK
UKHW020504180726
13839UKWH00004B/1889

9 782329 509013